꽃은 상처를 남기지 않는다

구판우 시집

문학의전당 시인선
0339

꽃은 상처를 남기지 않는다

구판우 시집

문학의전당

시인의 말

시인이라 불러주는 당신이 있어
참말 고마웠다.

2021년 5월
구판우

차례

제2부

제3부

제4부

제1부

반달

반쯤 살아온 날보다
반쯤 살아갈 날이

보다 다정하고
보다 투명하고 싶다

태엽처럼 풀린 일상을 충전하는 밤
달빛에 비친 내 두상이 반쪽이다

어린 왕자를 기다리며

흰 수염 낙타의 발굽을 다그친다
붉은 모래바람을 일으키고 오후 속으로 사라진다
신기루처럼

어린 왕자를 쓰러뜨린
노란 뱀은
발꿈치로 짓이기는 아픔으로 허물을 벗고
또 벗고

당신이 왜소하거나 한 잎의 바람이 되거나
당신의 메아리를 기다렸다
날렵한 몸매, 날카로우면서 재치 있는* 혀
갈라지고 까맣게 문드러질 만큼

신(神)이 빚은 여신의 허리, 사막의 지평선은
불시착 비행기를 위한 활주로일까
유성 하나 빗금을 긋고

당신 혼자 두지는 않을 거야
태양을 매어두고
민트 맛 아이스크림 듬뿍 건넬 거야
입 깨물고 귀는 틀어막고 있을 거야

두레박은 바싹바싹 목이 탔다

※생떽쥐베리,『어린 왕자』에서 인용.

틸란드시아

집 안에 찰랑찰랑한 실 커튼
가림막인 줄 알았는데
커튼이 아니란다

허공에 치렁치렁한 풍란
뿌린 줄 탄성을 자아냈는데
뿌리도 아니란다

얼기설기 헝클어지기 쉬운 실타래
눈을 크게 뜨지 않으면 구분할 수 없는
좁쌀만 한 바늘귀가 드문드문 꽂혔다

꽃이란다

꽃 같지 않아서 꽃답게 살아갈 날이
몇 날이나 될까마는

우리의 가슴에 돋는 샛별이 되었다가

오늘 일침을 가하는 바늘이 되었다가
문드러질 것이다

틸란드시아 은하에도
하나둘 집어등이 터졌다
물여울에 연둣빛 신조어를 슬고 있다

억새꽃

갈치 떼 물으로 다투어 왔나 봐

억센 가시 살 속까지
눈물 삭이고
핏빛, 저녁을 덧입는 콜라주

사내의 영혼을 들쑤셔 놓는 들녘은
칼부림의 전장

밟히고 허리 꺾여도 눈물 흘리지 않음
차갑고 매서운 삭풍에도 두렵지 않음
하얗게 하얗게 세어가도 좋음

끝닿지 않은 허공
앙상한 팔을 죄 흔들어도
훨훨 새의 자유를 좇지 않음

건들바람으로 빚고 햇살로 구워낸 은비늘

파랑, 하늘을 수놓는 콜라주

신아(新芽)처럼 돋아나는 약속의 땅
하나의 몸뚱이로 무수한 팔 흔드는

잃어버린 의미
—지렁이

토굴이 싫어
고부라진 몸뚱이 등에 겨워
삐걱대는 방문 툭 차고 나왔다

골목을 헤집을수록 뙤약볕이 목을 죈다
자신의 그림자마저 뭉그대는 외톨박이
입구 없는 문 두드리며 눈물도 메말랐다

두세 걸음에도
비틀린 몸뚱이에 진창을 끼얹고파

갈증조차 헤아리기 힘든 눈부신 정오

강물 소리 들으며
까마귀 한 마리 치솟는다
까마귀 떼 햇무리 짓는다

비로소 어둔 곳들 환해진다*

바랜 시집 한 절이
서재를 활활 불태우고 있다

---

*신병은 시인의 시, 「놓아버리다」 차용.

코리안 숏헤어

애인 가운데 가장 어린 애인이
전 애인의 아이를 낳았다

하혈을 하고
구급차에 실려 가기까지
임신한 사실과
누구의 아이인지도 몰랐다

애인은 산모이기를 포기한 뻐꾸기 같았다
늦은 밤 뻐꾸기시계가 울면
내 목에 모빌을 매어두고
몰래 병원을 빠져나갔다

애인은 눈이 예뻤다
그것이 화근이었다

너무 많은 애인을 남겨두고
애인이 사라졌다

나목(裸木)

가시내야
옷 다 벗지 마라
바람 든다

사과를 깎으며

등 푸른 칼을 든다

한 바퀴,
순천만의 서걱대는 소리
갯바람 갈대 스치는 소리

두 바퀴,
발갛게 달군 무쇠 같은 입술로 깨물었다
이브의 속살이 눈부셔

세 바퀴,
까마귀 떼 허공을 덮을수록
고양이 울음이 가늘어졌다

네 바퀴,
흑점을 삼킨 낮달
하얀 정오의 새털구름 사각사각

다섯 바퀴,
절인 채소처럼 고개 꺾으며
무도회 가면을 벗는다

여섯 바퀴,
밤을 연주하는 별의 아코디언
해안가 집어등 어깨 들썩이면

여덟 바퀴,
순천만의 서걱대는 소리
갯바람 갈대 재우는 소리

다시 하루를 든다

풍등이 날다

눈 감아도 뜨개질할 수 있고
입 다물어도 흥얼거릴 수 있다

등잔불이 깜박거리고
썰물처럼 햇살이 빠져나가면
옥탑방은 침묵의 공간으로 메꿔진다

초인종이 세 번 울리고
테라스 밖으로 황금 머리카락 흩날리기까지

밤의 아리아를 들으렴
—라푼젤!*

은하의 선율 따라 달맞이꽃이 피어나고
공주의 긴 호흡은 풍등이 되었다
바람을 깨우고
시폰 사이로 양떼처럼 빠져나갔다

도요새 앞세우고
바람개비로 풍등을 떠받쳤다
달맞이꽃도 덩달아 흔들었다

풍등은 우주를 수놓으며
은하로 총총 박히고
새 이름의 별자리 하나하나 돋아나고

초인종 소리가 가쁜 숨소리처럼 거칠어졌다

---

*라푼젤: 독일 그림 형제의 동화 제목.

마녀의 방

오피스텔 현관문을 따고
빈집으로 들어선 수리공은
뻐꾸기왈츠 춤을 추어요

빨래건조대 위에서
널브러진 스타킹이 시선을 어지럽혀도
뻐꾸기왈츠 춤을 추어요

주인과 손님의 경계에서
시추는 낑낑대고

안방이 닫혀 있어요

암막 커튼 두른 불면의 밤이거나
다리 꼬고 앉아 와인을 따르거나
부끄러운 고양이의 은신처이거나

들어오지 마시오의 표시 없어도

닫혀 있다는 건
콩닥콩닥 뛰게 만드는 최면의 늪
손잡이를 젖혀볼까요

죄어드는 아로마 향
현관문을 박차고 나왔어요

뻐꾸기 뒤로하고 탈주한 게 다행이어요

배꼽참외

1
굼뜬 키도 못 따라가는 스웨터는
배꼽을 드러내곤 바람 빠진 가슴만 지켰다

배꼽이 톡 볼가진 아이를 가리켜
배꼽쟁이외라 놀렸었지

꼭지 배꼽이 우스갯거리가 된 건
이보다 훨씬 오래전이었을 테지만

노랑나비 따라나설 때부터
그놈 신수 알아봤어야 했는데

황금별로 돌아앉았다

2
배꼽티를 껴입고 외출하는 여자는

오피스텔이 터전이었다

발가벗어서 부끄러운 게 아니라
꼭짓점이 도드라져 부끄럽단다

대놓고 드러내는 것은
자기 몸이 자신 있다는 건데

꽃무늬 원피스에 비치는
가슴선을 훔치려 한 게 아니었지만
현관문을 들어서는 사내의
시선을 끄는 간극만큼
하늘도 따라 출렁거렸다

까치밥

동아줄로 동여맨 마지막 잎새처럼
고무탄 흔적 남기고도
죽 쑤기 싫어 떨구지 못한다
맨몸으로 아스라한 줄타기
겨우내 바둥바둥 기지개도 못 켠다
입술이 타들어 갈 때마다
콕콕 속살 쪼아 먹는 참새
포르르 날아가며 힘 덜어준다
힘 덜어준다는 말은
힘을 보탠다는 말
고드름 부러뜨리는 삭풍보다
힘 달려 손 딱 놓고 싶은 고비마다
한 끼니도 채 안 되지만
힘 덜어주는 새들로 인해
뼈대뿐인 꼭지
시설(柿雪)로 되살아난다

나는 바비인형과 논다 1

층간 발소리에 해가 뜨고 하늘을 갠다

매일 아침 쿠키를 굽는 사내
지난밤을 하얗게 태운 인형을
침대에 눕혀 자장가로 재운다

산발한 머리칼
침 자국 홍건한 얼굴로
태피터 드레스
바느실 촘촘히 입힌다

호흡을 새기고
빨간 명찰을 부른다

흐린 하늘은 그리지 않는
눈방울 초롱초롱한 인형

내 기도를 서툰 언어로 그리고 있다

나는 바비인형과 논다 2

물길로 바로 씻겨갈 듯
인형 하나 땅버들 가지 끝에서 간들거렸다

드라이기로 긴 금발을 말리고
다리 꺾어 화장대에 앉히면 파란 눈이 깜박거렸다
팔을 젖혀 무동을 태운다
웃음보도 따라 터뜨렸다

호두까기의 꿈
빨갛게 물들었을까
입술을 쫑긋댔다

인형은 잠자는 공주
사내는 심장을 떼어주고
호흡도 불어넣었다

인형은 회전무대에서 뛰어내릴 줄 모르고
홀로 남겨진 어스름밤에야

구두 한 짝을 잃고서
절뚝이며 귀가하였다

산 그림자 부서졌다 쪼르르 모이는 저녁 강,
왕잠자리는 버들가지 끝에서 한들거리고

사내의 지문으로 자라난
금발이 싹둑싹둑 잘려 나가고 있었다

단죄

주거침입죄와 상해죄로 생포된 죄에 대하여

파리채로 등짝을 두들기지 말고
다리 마디마디 끊어낼 것이며
다리가 모두 뜯긴 후에는
날개 하나 하나 떼어낼 것이며
그다음에는 돋보기안경 쓰고
바늘 주둥이 뚝 잘라낼 것이며
선홍빛 물밴 배불뚝이 꾹 눌러서 토해낼 것이며
맨 나중엔 마그마처럼 끓어오르는 햇살로
숨 막힐 지경에 이르도록 바싹 구워야 하느니
피를 양식으로 취급하는 미물이거나
생명을 허투루 다루는 사람은
죗값을 톡톡히 치러야 하는 법
언제나 단죄에 떨고 있거나
단죄에 대해 속죄하는

속죄제로 붐비는 새벽기도회에 대하여

제2부

새를 부르는 여자

골목길 전신줄에 나란히 앉은 새들은
날마다 이층에서 떨어지는 모이를 기다렸다

골목 너머 골목
모래알만 쪼아대던 비둘기에게도
무료급식소가 생겼다

이층집 여자는
새에게 모이를 준다는 이유로
싸움닭이 되어야 했다

밥상의 처세술

진지 잡수세요
채근하지 않는다
옹기옹기 우애 자랑하며
보약보다 밥심으로 거뜬하길 바라고

진지 잡수세요
투정하거나 응석 부리지 않는다
주인의 손길 기다리며 시선을 떼지 못한다

진지 잡수세요
닦달하거나 앙탈 부리지 않는다
당장 부름을 받지 않으면 어때
한 보 물러나서 돌아보는 시간이 필요하다고
저 스스로 반나절 정도 냉장고에 묵혔다 나온다

진지 잡수세요
저희끼리 다투거나 우격다짐하지 않는다
단아한 속살 드러내며

햇살 한소끔 끓어오르기도 하고

파란 하늘의 조각구름으로
식탁을 두르기까지
산지서 달려온 농부들 색색의 무용담
조몰락조몰락 버무려 낸다

앙, 다문 입이 꽃으로 활짝 피었다

햇빛 재단사

눈이 부셔요
부서지는 햇살을 붙들어주세요

시폰으로 장막을 만들기도
리넨에 꽃무늬 자수를 놓기도 하고요
햇빛을 옥죄기도 풀어놓기도 하지요

블라인드는 손 안에 있어요
햇빛을 버무리면 어둠인데
어둠 너머 아침이 밝아올까요

블라인드 사이로 햇빛이 자꾸 새어 나와요
가려도 가려도 햇빛은 얼굴을 내밀어요
커튼으로 밤을 불러주세요
잠을 토닥여주세요

블라인드 사이 햇빛이 새어 나오는 건
깃이 비뚤거나 창문이 기울어서가 아니에요

당신을 바라보려고
햇빛이 얼굴을 내밀어 그래요

꽃무늬 커튼을 달아줄까요
햇빛을 초대할까요
커튼은 젖히고 블라인드는 감아올리고
환한 속살로 탱고를 함께 출까요

이제 햇빛은 당신의 드레스에요

곰삭힘에 대하여

홍어에게 대충은 없다
대충은 삭힘이 부족하다는 건데
부족은 매운맛이 떨어진다는 건데
상에 오르며
얼굴 붉은 굴욕감만 게워낼 뿐이다

살아서 팔짝팔짝 뛰는 놈보다
바닥에 배 깔고 바짝 엎드린 놈
축 늘어진 놈을 처넣어야 한다며
홍어 속살 같은 볼그레한 아버지
이 악물고
아가리 틀어 항아리에 욱여넣는다

사나흘 푹 재우고
날갯살보다 뱃살 도마에 발라
왕소금에 한 점 콕 찍는다

애간장 녹이는 놈,

젠체하는 놈,
빵빵대는 놈에게 코를 꿰고

구린 놈,
줄행랑이나 놓을 줄 아는 얼빠진 놈, 놈
몸값은 제대로 하나
삭히는 법 잘 따르나

막걸리는 발효되기 전에 바닥 드러난다

타워크레인

속 빈 지주 하나로 몸 버티며
덩칫값 못하는 약골

가끔 고꾸라져 낯짝 구기고
검은 기삿거리만 되풀이한다

일평생 키 늘리고 목 빼는 노동은
바벨탑의 죗값이런가

앞뒤 기울지 않게 평형추 매달아놓고
맨날 고개 숙이고 산다

적석산을 오르며

바닥을 모르는 장수는
호걸이 될 수 없다

목전에서 죽음을 목격하지 못한 리더는
개선문을 통과할 수 없다

광활한 대평원을 넘보는 자가
광야를 치달리고
천하를 호령하느니

사내라면 적석산*이 되어볼 일이다

* 경남 고성군 회화면 삼덕리 소재.

Bye Bye

이별은 붉은 동백보다 아프고요
이별은 하얀 달빛보다 차가워요

내일 다시 만나는 연인이라도
헤어지는 순간은 이별의 날만 같고
나동그라진 꽃송이처럼 아프다

아기에게 가장 겁나는 첫걸음,
엄마의 거짓말로 손을 떼는 순간
온몸을 파르르 떨며 엉덩방아 찧는 거
손을 흔드는 건
그런 아픔이랄까

손을 흔드는 것은
'또 만나요'의 의사 표시
주먹을 못 쥐고 꼬물대는 제스처이다
'보고파요'의 힘겨운 시선 교차
가만 두어도 돌아오는 부메랑이다
무언의 허깅이다

눈앞에서 더는 미적미적 말아라
어서 떠나가라 실바람을 떠민다
가슴 쓸어내리며 두 손 뿌리친다

파도에 몸서리치는 해초들처럼
강풍에 아우성치는 이파리처럼

내 이름은 레커

딱지 떼기 좋은 길목
과속 스피드의 도발만큼 경광등 깜박이는
사고 다발 교차로에서

한 방에 주저앉는 타깃을 대상으로
바짝 몸 낮추어 숨죽이는 맹수

드론을 띄웠나
허공을 떠도는 소형 위성의 뒤를 좇았나

눈꺼풀이 해파리처럼 풀어진 오후
대어를 낚아챈 CCTV,
정적을 깨는 교신음과
구조대의 다급한 사이렌이 울리면

가장 먼저 방점 찍는 놈이 임자인 게지
엎치락뒤치락 초를 다투어 얼굴부터 들이민다

해결사로 자처하지만
소시민의 곱지 않은 시선으로는
거리의 모리배

'안전' 기원제마다 하얀 매연 끼얹고
냅다 내빼는 철딱서니 없는 폭주족
볼썽사나운 슈렉, 닮았다

루왁이라 쓰고 으악으로 읽는다

재즈 음악이 나트륨 조명등을 검붉게 달구고
귀퉁이 소파에서 머그잔을 삼키면
내 이름은 루왁 마니아
커피 향기와의 밀월에 나선다

두 푼 품삯에 구슬땀을 빼앗고
노을에 반짝이는 검은 눈물,
몸뚱이 파삭파삭 태우는 아이들은
콜콜한 저녁을 만난다

열대림과 초원을 쟁여두고
뒤척임조차 힘겨운 철장에서
피똥 싸대는 핏발 선 사향고양이
곪고 녹슨 생산도구의 몸 입어
뼛속 깊이 숯검댕이 밴다

고고한 품격보다 재물에 물들고
구수한 맛깔보다 인스턴트에 멍든

그 이름은 루왁

퐁퐁 자지러지는 원두가 구리다
퐁퐁 자지러지는 커피가 매스껍다

내 이름은 커피 마니아
일말의 양심인 양
루왁이라 쓰고 으악으로 읽는다

화강암

화강암 안에는
노아 할아버지 살고 있다

식구와 멍이 냥이
덩치 큰 동물이 죄 잠들어 있다

똑똑 두드리면
어기적어기적 걸어 나온다

이부자리 팽개치고
영이와 철수 눈 비비며 나온다

그런 아름다운 이야기,
해님 달님도 같이 산다

홍학

가쁘게 헐떡이는 가오리연

샛바람 불어
댓살이 휘고 휘청거려도
중심 잃지 않으려
꼬리 부르르 떤다

혹 보석 꽉 깨물고
모가지 팽팽하게 당기고 있다

이삿날

버려지는 것이 배곯기보다 두려운 반려묘

짐을 싼다는 것만으로 공포에 떨었다
놈의 눈빛에 또박또박 씌어 있다

단 몇 분이어도 가둔다는 것
날카로운 발톱이 문드러지는 것

집고양이를 가두고
청테이프로 친친 감은 토마토 상자는
십 리 밖의 표적에 꽂히는 돌팔매 같다

우리의 하얀 방은 자물쇠가 필요 없고
하늘 억누르는 검은 방은 무겁다

핏방울이 송골송골 맺힌 토마토 상자
손잡이 구멍으로
흔들리는 놈의 눈빛이 새파랗다

사다리차가 이웃을 퍼 나르는 날은
캣 타워
절벽이 되어 흔들다리처럼 떨었다

점심

소행성이 둥둥 떠다니고
하루 멀다고 팡파르 연신 터뜨렸던 독(Dock)
골리앗 크레인이 풀썩 주저앉고
쑥부쟁이 야드 차지하기도 몇 해

무말랭이처럼 꼬들꼬들한 차림새로
작업반장 꽁무니 바짝 따라붙는다
안전화에서 날리는 눈발이 콧잔등을 때린다

방열복 패션이 나의 재기 무대
식권 한 장 거머쥐고 용광로도 돋보여
선철이나 고철 안 가리고 꾹꾹 배를 채운다

눈물 밥으로 김이 서리고
화산처럼 쇳물 토하기 잦아지지만
소화제 없이도 제련되는 주물공장
깜짝깜짝 나도 놀라고

귀청이 뚫리고 진폐증이 스멀스멀 기어 나오는
쇠 바가지와 맞바꾼 한 끼니
신(神)과의 오찬
입꼬리에 달라붙은 하얀 밥알 한 톨
눈꽃이 활짝 핀다

어떤 강의 겨울

빛깔 바랜 동양화 한 점

닥지닥지 전설 낀 집으로
어부를 이끌어 오는 때,
바람은 꼿꼿하게 분필 같은 자작나무를 흔들고

황량한 적막을 두르고
무거운 잿빛 벌판을 두르고
통째로 묶은 강을 두른다

계절은
돌고 돌아 때로는 화석처럼 묻히는 것
멀리 어부는 귀로에 서서
최후의 땀 한 톨 떨어뜨리고 있다

정자나무 어귀, 점점(點點) 인적을 지우면
문 닫는 날카로운 의성어

구들장에 그을린 물안개
갯버들이 눈 간질이면

얼음 풀리기 전 늙은 아내와 딸과
묵은 옷가지 거두어 총총 이끌려 가야 한다

담배 피우는 여자

행복한 요양병원 옥상
손가락 사이에 담배 끼우고
도넛 연기 날려 보낸다

목구멍으로 밤하늘 별 빨아들이고
짐짓 모르는 척
옷가지 털며 혐의를 지운다

입을 헹궈도 허기(虛氣)까지 헹궈낼 순 없다

제3부

데스마스크

유년의 미소로 덧칠하고
신라의 미소로 떠야 한다

창백한 표정 그대로
파랗게 녹 낀 얼굴

슬플 땐 흐느낄 줄 알고
나이를 더하면 균열 가는 얼굴

혼신의 풀무질로
놋쇠 달구는 대장장이 얼굴 같은

우리들의 팔딱거리는 난장
우리들의 씩씩거리는 낯짝

그런 얼굴이라야 하고
그런 얼굴로 덧입혀야 한다

식구가 늘었다

갑작스레 얼굴 감추고 소식 끊고 살다가
꼬리에 댓 마리 새끼 달고
남천*에 나타났다

실바람만 불어도
칠게 떼 갯벌에 꺼지듯이
갈대 그림자에도
얼쩡대는 새끼 없이 풀숲에 날개 묻었다

떨어지면 다시 못 볼 줄 알고
흩어지면 죽는 줄 안다

엄마 꼬리에 바짝 따라붙어도
옹기옹기 무리 지어야 안심이고
스스로 앞가림하기까지
아무리 다급해도 걸음발 맞추고
한 시도 경계를 늦추지 않는다

'황구렁이 떴다'
갈대 주변이 일시에 요동치는데
새끼들 온데간데없고

꼬리에 두어 마리 달고 얼굴 내민
물오리
하늘 한번 새끼 한번 번갈아 가슴에 묻으며
붉은 냇가에서 눈물 자국 훔쳤다

---

*창원시 성산구 공단지역을 끼고 흐르는 하천.

야자수 아래에서

당신이 빛날수록
비치 의자는 야자수에 꽂혀요
그래서 한낮의 질투는
끈적한 열대 과즙 같다고 하나 봐요

당신 아니랄까 봐
떠날 채비만 하는 눈부신 오후
가지 마요, 파도를 불러내어 함께 노래 불러요
기타 줄을 튕기며
훌라훌라 춤도 추어요

모래톱으로 포말이 하얗게 구르고
남국을 뱉어내는 이유
밀물 때문이 아닐 걸요

바닷새의 발자국을 해진 망토에 새기는 당신
열대야의 사랑을 다시 지필까요

성호를 그어대는 폭주족
방파제처럼 늘어선 수백 호(戶)의 종려나무
사나운 야유를 삼키면
예수의 고난 행렬도 붉게 끝나나 봐요

야자수 아래에서
몸을 일으켜야 비로소 당신이 반짝이는 걸,
그대로 누워 있어 줄래요

내집증후군

이사 후 몸져누울 만도 한데
가뿐한 몸놀림으로
집 안 구석구석 지신밟기 하는 아내

아모르파티
아모르파티*

새집증후군은 개의치 않아
하자 따윈 천천히 살펴도 괜찮아
이삿짐이 난장판을 부려도 괜찮아

전입신고까지 뒷전으로 미루고
늦은 밤을 대낮처럼 밝히고

전월세 탈출에 북받친 식구는
며칠째 불침번 중

---

*아모르파티는 '네 운명을 사랑하라'는 뜻. 가수 김연자의 노래 제목.

눈물에 대하여

아무렴, 가슴이 찡해요 가슴 뜨거워 보기는 처음에요 밀림 숲을 지나 푸른 바다로 떠나요 시한부 아니고는 눈물 짜는 여행일 수가 없어요 한 톨의 눈물을 헛되이 흘리느니 차라리 들꽃이 되겠어요 한 방울의 눈물을 훔치는 위로는 거짓부렁이에요 떠나는 사람의 눈물로 더는 뜨거워하지 말아요 잠깐 스치는 여우비여요 가래떡 뽑듯 뽑아낸 눈물이 연극에 어울리기는 하나요 엄마 가슴에 파고들어 잔뜩 쏟아놓는, 시집가는 딸의 눈물이 청보석 같아요 은하가 되어 눈물 강을 이루어요 모든 이별이 똑같은 눈물은 아니어요 눈물은 이슬의 다른 표정이어요 눈물의 의미를 바로 새기지 못하는 당신, 아침 이슬 같은 눈물을 똑똑 떨어뜨리기엔 분명 더 아파야 해요 아직도 목마른 날이 수없이 남았다는 것이죠

암 투병자의 조곤조곤한 기도 소리, 눈물 끓는 소리가 들리나요?

굿바이 미스터 김

하루도 빼지 않고 바람을 가르는 김 노인
식솔의 싸늘한 맞바람으로
현관문이 세차게 닫히고

어깨 처진 손으로 다초점 안경 치켜 올리고
거북목 쭉 빼곤 느릿느릿 출근한다

샐러리맨의 근성으로
접견실 의자에 서류 가방 던져놓고
햇살을 뿡뿡 토해내는 은행 창구로 다가간다

잔액 일천삼백이십 원
귀가 닳은 통장 내밀며
삼백만 원 빼달란다
식솔은 내 몫, 결연한 가장의 표정으로

ㄱ자 허리 꺾어 고객을 왕으로 맞는 행원
한때, 점장으로 모셨던 사람들

저마다 고개 돌려 피식거리고

낯익은 휠체어인 듯
유모차에 바르르 눈썹 떨고
정시 퇴근 괘종시계 귓불을 때리면
머쓱한 손 머리카락 훔치고 후문 나서는 김 노인

휘어진 등 들이밀며 바람이 끙끙대고 있다

신(新) 가계도

사소한 견해차에 부부가 등을 져도
아이는 흔들리지 않았다
시류 탓이라 단정하고
부모를 원망하지 않았다

결별은 일상의 페이지로 넘기고
삼대독자라는 이유로
아이는 아빠의 핏줄을 다시 확인하는 과정을 거쳤다

어른들은 이내 새 가정을 꾸렸는데
가족관계등록부에 '재적'이라 표시된 엄마의 이름
아이만큼은 가슴에 지우지 못하는
이름, 세 글자

오랜만에 모자는
동네 가로수거리 찻집에 마주앉아
다정한 데이트를 즐겼다

어스름이 깔리는 갓등을 바짝 끌어당긴 채
아이는 기숙사 이야기, 이성 이야기 조곤조곤 풀어놓고는

아침 식탁에서 마주할 식구들처럼
잠자리 들듯 인사도 생략하고
캄캄한 골목으로 빨려가면서
건넌방 건너가는 마음 여닫이 소리 울렸다

장미공원에서

과녁을 꿰뚫은 활촉처럼
지난겨울의 상처 싸매고 있을 법도 한데
이른 아침부터 공원은 불끈불끈
몸집 불린다
볼륨을 높인다

개막을 앞둔 영화제처럼
팡파르 초읽기 직전

소낙비는 축제의 헤살꾼
하늘이 먹구름 꽉 틀어막고

산들산들 나들이 날
빵빵 폭죽 터지는 날

레드 카펫 밟지 않아도
호산나 호산나,
피날레 없는 나귀 행렬이다

제비꽃

너는
누구의 수치를 한 촉(燭)으로 사위어 피는가

돌아앉아 수줍은
꽃이여

한글 비석

따로 설명 안 해도 여식은 무학이었다
그때는 그랬다
산골 여식은 더 했다
어머니도 예외는 아니었다

자갈치 아지매 삼십 년
알음알음 손가락셈 통달했고
추적추적 질척이는 어느 날
아들 이름 석 자,
유리창에 비뚤어도 손가락 그어주셨는데
까막눈이 아니란 걸 그때서야 알았다

어머니 문패는
또박또박 한글로 새겼다

대문 앞에서 기웃대지 마시라고
떠돌이별 되지 마시라고
아버지의 한자(漢子) 문패와 나란히

이름 석 자 한글로 달았다

어머니 손때 묻은 문고리 같은
닳고 닳은 가락지 같은
화인(化人) 문패를 달았다

고목

바람이 꼿꼿하게 서서 들판을 뒤엎었어
숲은 동요하기 시작했지
풀이 일제히 드러눕고
나뭇잎이 부서지며 아우성치고
둥지마저 송두리째 날려버렸어

상처투성이 몸은 반항심만 불렀지
외투 없이 하루도 버틸 수 없어
놀이터 잃은 다람쥐 외면할 수 있느냐며
하늘은 눈물로 산통을 씻어 내리고
신록의 언어 흩뿌리며 다독다독 다독이고

외등의 지주목으로 박힌 팔뚝만 한 나뭇가지
부나비 떼 몸살 나게 달려들어도
하얀 미소로 화답하는
가끔은 화가의 붓에서 깨어난 풍경화였을까

햇살이 당신에게 전하는 말,

마을 어귀보다 솔바람 넘실대는 황금 들녘
정자나무로 우뚝 서고
천 년 꿈 안은 그대로
그 푸르름으로

바람을 피웠으면 해

어머니

죄다 발라 가시뿐
누더기마저
살라 주신 당신

밥 한술 따스운 끼
못 지은 자식
애물단지건만

그래도 예쁜 옥이
내 사랑 금이
자랑하셨지요

호박을 긁으며

호박전을 좋아하는 아내와
늙은 호박을 긁는다
박박 긁는
호박 속은 샛노란데
호박을 긁는 내내
바가지 긁고
바가지 긁히는
부부 속은 시커멓다

지팡이로 살다

화이트 신사에게 휘둘려 살고
무릎 꿇으며 고꾸라져도
청빈한 자존심
아버지는 끝내 손을 들거나
비겁하지 않았다

스스로 지팡이셨다

팔만대장경을 판각한 나라
순간순간이 실록인 걸
암각화와 금속활자로 이미 증명하였는데도
땅바닥 콩콩 찧으며 거리 활보하는
사진 한 장 남기지 않았다

닥나무 껍질 물러지듯
마지막 악수까지 접고
화장실 입구에서
벽을 등지고 홀연히 떠나셨다

가벼운 인사도 남기지 않으셨다

당신 스스로 지팡이시며
황금 들판 옷걸이로 나선 허수아비
훠이훠이 새떼 쫓듯이

못걸이

못 그릇에 대자로 누운 말굽자석
어쩌다 수선공의 손에 들렸을 뿐인데

일제히 자리 박차고 일어나는 못들
서로서로 부둥켜안으며 금자탑을 쌓는다

장작처럼 몸을 사르는 존재이거늘
누구랄 것도 없이 손 먼저 치켜들고
가끔 자기 근본을 잊고는
어디까지 튀어 나가나 몸을 재기도 하지만

작업장 벽에 박힌 대못 하나
작업복의 휴식을 허락할 줄 안다

철없는 자석은 아무짝에도 못 쓴다
힘을 가진 자석이라고 하여
육중한 하루를 대신 덜어줄 수가 없다

간들간들 하루 매달고 사는
사람의 가슴에는 모진 대못 박지 않는다

그거

어린이집 셔틀버스 타고 오는 아이
버스정류장
마중 나가는 길에
원생 딸이 그거 주워서
엄마에게
“어른들 그거 하는 거 아냐”
“그거 제자리에 둬”
따로 가르침이 없어도
알 듯 말 듯
그거만큼 하늘만큼
소중하게 지켜야 하는 줄 알고
바람에도 날아가지 않게
왕사탕만 한 돌 하나 얹혀서
제자리에 두었다

그거

제4부

연필

칼날에 빚어지는 살갗의 모멸도 괜찮고
이빨에 찢기는 속살의 수치도 괜찮은

욕심이나 궁핍이나 강팍한 생각 없이
무형의 곡선을 긋는다

한 개비 충실한 언어를 사귄 몸동작은
수줍은 영광을 낳고 낳아
목수의 귀에 꽂힌다

향나무를 가꾸고 손질하는 보람만큼이나
유년의 여린 지문을 남기는 건
원시림을 지울 수 없는
굳건한 심지 때문인 것을

피부 깊숙이 침노하여
변조된 자의식을 찌르고 산다

역(驛)은 멀어지고

기차는
아버지의 새벽 그림자를 벗어나려 탈탈거리고
해안가 간이역
벚꽃이
역전(驛前)을 하얗게 지우고 있었다

휜 등골로 바다의 비탈을 허우적이는
팔순의 아버지는
첫차에 몸을 싣는 사내의
발목을 붙들어 매고

뜬눈으로 새운 꽃무늬 자수
누이의 손수건으로
뚝뚝 떨어지는 유성우

아버지의 긴 터널은 유난히 요란스러웠다

갯내 젖은 엄마의 새벽기도와

육중한 바퀴의 변주된 화음,
마지막 꽃잎 떨구고 차창은 바르르 떨었다

터널을 빠져나온 사내는
뿔테안경을 고쳐 쓰고
허리를 곧추세웠다

논고둥

보폭보다
물 빼는 속도가 빠른 이랑
습지 가장자리를 야금야금 갉아먹는
뙤약볕 등에 업고
졸아드는 손바닥만 한 물웅덩이 따라잡기 위하여
우렁이는 생각이 탄다

일찍 문 걸어 잠그고 오수 든 놈이나
일기를 읽지 못하고 진흙탕에 코 박은 놈은
모래바람 폴폴 날리는 언덕
조개더미로 나동그라지기 일쑤

잔뜩 옴츠린 몸집으로 촉수 되감으며
이 바닥에서 살아가는 법은
조가비 하나에 의지하는 피신 아니요
펄을 친친 두르는 것이 아니다
쌀알만 한 힘으로 저네끼리 엉기는 것

단비 내리고
찰거머리 유유히 물살 가를 때
정찰 나온 실잠자리, 여뀌꽃과의 실랑이
무논의 사랑놀이

꼿꼿한 벼 싹에
핑크빛 사랑이 다닥다닥 여문다

꽃의 성향

꽃은 꽃을 바라보는 사람을 따른다 사람은 상처를 남기지만, 꽃은 상처를 남기지 않는다 사람 가운데 유독 끌리는 사람 있듯이 꽃도 사람에게 딱 꽂히는 성향이 있다 그것이 꽃의 매력이다 꽃이 고개 못 쳐들고 손을 먼저 못 내미는 이유는 꽃으로 살아가야 하는 자의식 때문이다 꽃은 꽃을 바라보는 사람을 따른다 꽃은 사랑의 고백이거나 부케이거나 조화이거나 가리지 않는다 꽃은 단지 꽃일 뿐, 편 가르는 사람을 따르지 않는다 꽃은 경계를 그리지 않는다 꽃은 계절을 재촉하여 피고 지지 않는다

사모론

착한 손에 예외 없이 떡 한 조각 맛보이는, 철야기도로 재운 불고기 살라 두어 점 삼키고도 냉장고 속 몽땅 까집는, 비행기 시간 예약으로 맨 먼저 자릴 뜨는 제약회사 연구원 처자에게도 빨간 사과 쥐어주는, 밥 한술 뜨다 눈 맞추기보다 날랜 몸짓으로 밥주걱에 꼭 눌러 담은 대접 상 위에 얹어놓는, 독거노인의 반찬 가방에 양손 빼앗긴 자원봉사자에게 오늘의 말씀처럼 다디단 단감 깎아서 통째 물리는, 오찬 뒤의 커피 타임에 한 주간 동정 게우듯이 덤으로 반찬 안기는, 나른한 오수 달아나는 성령의 만나 오란다 슬쩍 내미는, 청소 안 하고 냅다 내빼는 철면피 집사 붙들어 까만 과일 봉지 건네는, 짙은 눈인사가 저리는,

주단 꽃 피고

"그믐에 건져 올린 돌게는 살이 물러야!"

통발 한 꾸러미 끌어올린 갯벌에서
옆구리가 간지러웠다고
돌멩이처럼 굴렀다
어떤 놈은 집게발도 떼버리고
차례보다 다투어 빠져나왔다
몸을 추스르는 여유도 없이 거품 게워내며
신(神)의 땅 낯선 공간으로 뿔뿔이 달아났다

양파 망태기 주둥아리 찢어
등딱지에 거품 문
큰 놈, 튼실한 놈만 골라 담아
쪼그라든 달 뒷전으로 저만치 밀어놓고
집으로 호송해 왔다

저녁노을에 해당화 익어가듯이
양푼 가득 주단 꽃 피고

눈 벗어나 까맣게 흔적 지운 놈은
시간을 바싹 말린 플라워로 다시 피었다

“그믐에 건져 올린 돌게는 때깔만 고와야!”

돌담 고사리

하루의 표정은 식구의 민낯보다 주름이 깊다

무리 중 별종이 존재하기 마련
시골집 돌담이 터전일 텐데
도회지의 바람을 실어 나르는 집배원 따라
외아들네 소포로 화물차에 몸을 실었다
한 치 앞을 내다볼 수 없는 포자
바람보다 안목을 택했다

그렇게 새 주인 셔츠에 안겨
오층 아파트 베란다 창가에 뿌리내리고

먹고 살 일 막연하지만
양지라 겨울철 서릿발도 거뜬하다
식솔과 더불어 산다
계단을 오르는 해거름이 초인종을 울리면
창 안으로 고개 쭉 빼고 넘보는 재미
욕쟁이 할머니 엿듣기보다 쏠쏠하다

햇살 너머 그늘
하루의 표정이 땅거죽에 내려앉는 저녁,

뉴스거리 잔뜩 감은 새순
돌돌 말린 이야기 풀어내는
오늘의 감사기도

달빛 클래식

검은 고양이 꼬리에
하얀 초승달이 걸렸다

날이 저물어야 비로소 깨어나는 연못

은빛이 아니라서 다행인 영혼을
수면 위에 띄워놓는다

달빛으로 섬돌 놓고
깊은 어둠을 길어 올린다

연못으로 내려앉은 별들이
차갑게 몸을 식힌다

검은 고양이 꼬리가
바람을 재운다

해운대 촌국수

간자미 초무침 면발 아니어도
입술에 착 달라붙는 것은
동복댁 차진 말씨
똑같은 국물에 똑같은 손맛인데
입소문이 꼬리 무는 건
내 식솔 밥상과 똑같이 먹이고픈 마음 때문이겠다

솥단지의 탑만큼
얼음 통에서 빨아올리는 국숫발은
온몸으로 번지는 한 끼니의 속정으로 번진다

여름 낮, 목청에 살얼음 낀다

홋카이도는 알고 있다

강제 동원 노동자의 푸석한 한숨이
감옥살이보다 모진 노예의 땅
탄광의 벽화 가슴의 멍울로 떠돌며
이름도 적(籍)도 없는 뼈 무덤
원혼으로 남아 풍화 속을 드러냈다

구타로 얼룩진 강제 노동
석탄 가루 호흡으로 허파는 딱딱하고
막장은 구석구석 지뢰밭
싸늘한 주검 앞
폐가 같은 사고 현장에서 술 한 잔 따랐을까

외지고 가리어진 다코베야*
총검으로 감시당하고
검은 그림자 드리운 공간은
탈주극이 다반사,
동토의 섬이 즉결처분보다 싫었을 것이다

산업 전사 모집한다는 일제의 수작은
조용한 마을에 벌집을 쑤셔놓고
청장년들 마구잡이로 끌고 갔다
일제강점기 강제 동원 노동자를
수세대 뛰어넘어 해협이 가른다 해도
모른 체하고 눈감으랴
시치미 뚝 떼고 덮으려 해도
자기네 땅은 거짓말하지 않는다

*문어방이라고 하는데 문어가 급하면 제 발을 끊어먹는 것처럼 사람을 잡아먹는 곳이라는 집단 수용소.

한국전망대*에서

하늘 높은 날은 바다도 검푸렀다

불꽃 축제의 부산
코앞에 우뚝 서 있고
도움닫기 한달음에
껑충 뛰어넘을 것 같은 대한해협

바닷길을 종잇장처럼 가른
조문 행렬
나의 할아버지는 하얀 파도가 되었다

빗발치는 풍랑에 뭍으로 뭍으로
세포 두루마기 내두른
대마도 와니우라 해안

목선이 섬 되어도
주검의 끄나풀 꽉 붙들어 매며
식솔 생각에 구천 떠도는 할아버지

흐드러진 넋이 이밥 지었고

오월, 하늘이 눈부신 날은
부산에서도 한술 뜨게
갓 지은 고봉밥,

이팝꽃이 푸짐하다

---

*대마도 북쪽 끝자락에 있고, 우리나라 정자 모습 그대로 우리의 자재로 만든 건축물. 이곳 '조선국역관사순난비'가 108명의 조선역관 일행 원혼을 기리고 있다.

십자가 목걸이

전시품에 발 묶여 행렬을 잃었다

종탑 보기 어렵고
신사(神社)에서 줄 이으며 조아리는 땅
오사카성 천수각에 십자가 있다
철통 보안과 문화재의 이름으로 붙들려
유리관 안에 누워 있다
지진도 저지하는 힘 가두었다

에도시대 지하 성도의 징표
신(神)은 해적이거나 지하여도 괜찮아한다
선교사가 건네주었건
전리품이건
성도가 직접 세공했건
팔만 신사의 나라여도 물러나지 않는다
당당하고 선명하게 자신을 드러낸다

땅끝, 가난한 소작농의 자식으로 울음을 터뜨린

밤하늘의 결정체

졸이고 다독여온 세월만큼 짓무른 목걸이
관람객 시선을 붙들어 맨다
'촬영금지구역'이라는 팻말에도
공 셔터 누르고
가슴으로 긋는 성호(聖號) 하나 인화 중

삼각 깃발 흔들며 출구 휑하니 빠져나갔다

보호자

등 굽은 뼈대
까맣게 그을린 얼굴로
엉거주춤 지팡이 짚고 마당에 서 있다

반찬을 문고리에 걸어놓고 돌아서는데
무더기 공병 속에 바람이 가득하다

나일론 목줄에는
삐져나온 속옷이 나풀거리고
요양보호사의 잔정이 때수건에 묻어 있다

입에 안 맞아도 반찬그릇 다 비워내고
신문지 꾸러미
내 손에 쥐여준다

움켜쥔 손바닥에 온기가 총총히 박혔다

강둑에서

유채꽃으로 불을 댕기고
이정표마다 축제의 다리를 놓는
낙동강 삼십 리 벚꽃길

핑크뮬리에 심장 쿵쿵,
손잡고 나온 인파 속 두 모녀
깡충깡충 앞서거니
사뿐사뿐 뒤서거니

너덧 살 여아가 걸음을 멈추었다

"엄마, 아저씨가 길을 비켜줬어. 참 고맙지?"

하늘 높은 계절
나들이로 붐비는 강둑길이 환하다
일만 럭스(Lux) 벚꽃 터널처럼

빙의

횟집 수족관 수면 위에
거품만 무성하다

뜰채를 휘저을 때마다
푸른 바다가 조금씩 줄어든다

마지막 남은 숭어 한 마리가
공기방울을 물고 늘어진다

제가 뱉어낸 숨결이
거품이 되어
숨통을 조여 온다

해설

재치 속에 숨어 있는 숙연한 울림

고영 시인

1.

요즘 세인들이 즐겨 쓰는 "자세히 보아야 ~하다"라는 일상 어법은 시를 대상으로 사용해도 전혀 무리가 없다. 원래 시에서 나온 것이니 시를 읽는 데 적용해도 자연스러운 것은 당연지사. 그렇지만 이 어법을 함부로 사용하기는 쉽지 않다. '자세히' 보았는데, '~하다'고 할 수 있을 만큼의 '발견'이나 '울림'을 끌어낼 수 없는 경우도 많기 때문이다.

구판우 시인은 '시인의 말'에서 "시인이라 불러주는 당신이 있어/참말 고마웠다."라고 소감을 밝힌다. 소박하면서도 지나치게 담백하고, 의미를 부여하자면 존재의 '호명-순응'처럼 여러 단계를 밟아 해명해야 할 짧지만 굵은 소회(所懷)라 할 수 있다. 아마, 첫 시집이라는 점과 시인의 성정(性情)이 뒤엉킨 결과가 아닐까 짐작한다. 그래서인지 『꽃은 상처를 남기지 않는다』는 표제가 함축하는 의미의 장(場) 안에서 구판우 시인의 여러 개성적인 특질들을 찾아볼 수 있다. 시인이 '신아(新芽)'라는 어휘를 통해 예감했듯이, 그 형질이 갖가지 새싹의 모습으로 시집 곳곳에 드러나 있다.

갈치 떼 물으로 다투어 왔나 봐

억센 가시 살 속까지
눈물 삭이고
핏빛, 저녁을 덧입는 콜라주

사내의 영혼을 들쑤셔 놓는 들녘은
칼부림의 전장

밟히고 허리 꺾여도 눈물 흘리지 않음
차갑고 매서운 삭풍에도 두렵지 않음
하얗게 하얗게 세어가도 좋음

끝닿지 않은 허공
앙상한 팔을 죄 흔들어도

훨훨 새의 자유를 쫓지 않음

건들바람으로 빗고 햇살로 구워낸 은비늘
파랑, 하늘을 수놓는 콜라주

신아(新芽)처럼 돋아나는 약속의 땅
하나의 몸뚱이로 무수한 팔 흔드는

—「억새꽃」 전문

시인이 생각하는 시작(詩作)의 기본 문법에 대한 이해가 인용 작품에 잘 드러난다. 첫 연, "갈치 떼 뭍으로 다투어 왔나봐"는 형식상 굳이 따지자면 시적 진술이지만, 비유를 바탕으로 한 변형된 은유라고 볼 수 있다. 시인의 눈이 포착한 형상이 '억새밭'을 '갈치 떼'로 치환한다. 물론 두 대상의 치환 가능성은 '은빛'이라는 데 있으며, 부차적으로는 독립된 개인이 아니라 '떼', '군락'을 이룬다는 데서 찾을 수 있다.

문제는 여기서 시인이 전개하는 시상(詩想)이 '억새'라는 식물성을 '갈치'라는 동물성으로 치환하는 데 있다. "사내의 영혼을 들쑤셔 놓는 들녘은/칼부림의 전장" 같은 표현은 '억새'를 '갈치'로 치환한 이후에야 전개할 수 있는 상상이다. 억새와 갈치라는 두 개의 상반된 사물에서 '칼'이라는 하나의 이미지를 만들어낸다. 나아가 시적 화자는 억새(갈치) 떼가 "은비늘"

반짝이며 "파랑, 하늘"과 다투고 호응하는 모습에서 "신아(新芽)처럼 돋아나는 약속의 땅"을 발견한다. 이 작품은 시인이 결코 기성 시 문법에 게으르지 않았고, 그것을 도외시하지 않았다는 점을 분명하게 보여주는 작은 사례일 뿐이다.

2.

구판우 시인은 대상을 새롭게 발견하는 방식 중에서 '재치(위트)'에서 큰 힘을 발휘한다. 시적 재치는 어떤 한 대상의 숨겨진 면을 세심한 관찰을 통해 발견하는 것이 아니라 엉뚱한 다른 대상과 결합하거나 다른 맥락에 놓고 언어 표현을 비틀어서 형성한다는 점에서 일종의 기법이자 기질이라고 할 수 있다. 이는 시인 자신의 개인적 선호도나 훈련의 결과라 할 수 있다.

동아줄로 동여맨 마지막 잎새처럼
고무탄 흔적 남기고도
죽 쑤기 싫어 떨구지 못한다
맨몸으로 아스라한 줄타기
겨우내 바둥바둥 기지개도 못 켠다
입술이 타들어 갈 때마다
콕콕 속살 쪼아 먹는 참새

포르르 날아가며 힘 덜어준다
힘 덜어준다는 말은
힘을 보탠다는 말
고드름 부러뜨리는 삭풍보다
힘 달려 손 딱 놓고 싶은 고비마다
한 끼니도 채 안 되지만
힘 덜어주는 새들로 인해
뼈대뿐인 꼭지
시설(柹雪)로 되살아난다

—「까치밥」 전문

사실 '까치밥'이라는 소재는 서정적 심상(心象)의 대부분이 드러날 정도로 수적, 질적으로 뛰어난 작품이 많다. 그렇다면 시인은 여기에 무엇을 더하려 하는가를 살펴보면 사뭇 예사롭지 않게 다가온다. 다시 자세히 보면, 작품의 중심부에 "힘 덜어준다는 말은/힘을 보탠다는 말"이라는 일차 명제가 떠오른다. 이 명제를 확인하는 순간, 까치밥과 참새, 그리고 감나무 밑을 지나치며 감을 올려다보던 사람들의 관계가 변형되어 있음을 알 수 있다.

"힘 덜어준다는 말은/힘을 보탠다는 말"은 '덜어주다'와 '보태다'라는 방향이 다른 어휘가 '힘'이라는 특성 안에서 동시에 작용한다. 이런 작용은 몸의 밖이나 일상에서 쉽게 확인할 수 없다. 대부분 우리의 관계란 작용하는 힘의 한 방향과 그 크기를 확인하고 결과를 예측할 수 있을 때 멈춰서 버리기 때문이다. 결과가 뻔한데 계속 과정을 되짚는 것은 결코 '지혜롭지' 않다.

땅바닥에 떨어져 "죽 쑤기 싫"어 최후의 안간힘을 다하는 감나무에 날아와 "콕콕 속살 쪼아 먹는 참새"는 제3의 관찰자, 즉 방관자가 보는 시각과는 달리 훼방꾼이나 조롱꾼이 아니라 감나무의 힘을 덜어주는 존재로 치환된다. 참새가 감나무의 부피를 줄여 중력을 가볍게 만든다는 발상은 그동안 우리가 봐왔던 '까치밥'의 서정적 심상에서 멀리 벗어나 있다. 이런 신선한 발상은 구판우 시인의 재치에서 비롯된다. 사물을 역(逆)으로 바라보는 시인의 심성이 반듯해야 재치는 위화감을 주지 않는다.

이때 재치란 곤란한 상황이나 애매한 관계 등을 모순이나 갈등 없이 해결하는 단편적인, 즉흥적인 방법을 의미하기도 한다. 그런데 재치는 거듭되다 보면 '지혜'로 변형되기도 한다. 즉 유사한 사례에서 그 누구보다 먼저 색다른, 피해가 제일 적은 해결책을 제시할 수 있게 되기 때문이다.

주거침입죄와 상해죄로 생포된 죄에 대하여

파리채로 등짝을 두들기지 말고

다리 마디마디 끊어낼 것이며
다리가 모두 뜯긴 후에는
날개 하나 하나 떼어낼 것이며
그다음에는 돋보기안경 쓰고
바늘 주둥이 뚝 잘라낼 것이며
선홍빛 물밴 배불뚝이 꾹 눌러서 토해낼 것이며
맨 나중엔 마그마처럼 끓어오르는 햇살로
숨 막힐 지경에 이르도록 바싹 구워야 하느니
피를 양식으로 취급하는 미물이거나
생명을 허투루 다루는 사람은
죗값을 톡톡히 치러야 하는 법
언제나 단죄에 떨고 있거나
단죄에 대해 속죄하는

속죄제로 붐비는 새벽기도회에 대하여

—「단죄」 전문

시인은 최대한 가벼운 마음, 즉 도덕이나 윤리 종교적 가르침이나 신념 같은 것에서 자유롭게 '단죄'라는 한 마디에 집중한다. '단죄'라는 이 어휘 자체가 초월적 존재와 인간, 혹은 인간과 인간의 관계에서 윤리적, 법적 개념을 전제한다는 점에서 이 시는 제목 자체가 재치가 된다. 사람은 아무도 자기 피를 뺀 '모기'를 단죄하지 않는다. 그러니까 응징이나 징벌을 가하지도 않는다. 그냥 죽일 뿐이다. 이때 죽임은 다시 내 피를 못 빨게 하려는 기회의 박탈일 뿐이지 지난 죄에 대한 처벌은 아니다.

그런데 시인은 인용 작품에서 "주거침입죄와 상해죄"라는 구체적 죄목까지 거론하면서 나아가 신체에 대한 직접 형벌을 금지하는 현대의 형법 정신을 위반하면서까지 '모기'를 단죄한다. 이 지나침, 과장이 바로 재치를 형성한다. 여기서 멈춘다면 시적 감홍은 훨씬 줄어들 것이다. 시인은 이 모든 과장이 사실은 "단죄에 대해 속죄하는//속죄제로 붐비는 새벽기도회"에 대한 일종의 성찰적 단상이었음을 밝힌다. 내가 너를 단죄했는데, 실제 단죄 당한 건 나 자신이라는 '죄의식'이 일상을 지배하고 있음을 과장해서 보여주고 있는 것이다.

애인 가운데 가장 어린 애인이
전 애인의 아이를 낳았다

하혈을 하고
구급차에 실려 가기까지
임신한 사실과
누구의 아이인지도 몰랐다

애인은 산모이기를 포기한 뻐꾸기 같았다
늦은 밤 뻐꾸기시계가 울면
내 목에 모빌을 매어두고
몰래 병원을 빠져나갔다

애인은 눈이 예뻤다
그것이 화근이었다

너무 많은 애인을 남겨두고
애인이 사라졌다

—「코리안 숏헤어」 전문

재치로 한껏 가볍고 즐거웠지만, 일순간에 숙연하게 변하는 시적 울림을 구판우 시인은 지향하는 것처럼 보인다. 물론 그전에 아무렇지도 않은 듯 자신의 감정과 바람을 대상의 엇나간 행동을 통해 그려낸다. '코리안 숏헤어'는 한국의 대표적 고양이 품종인데, 시의 언표는 '애인'으로 표현되어 있다. "애인 가운데 가장 어린 애인이/전 애인의 아이를 낳았다"라는 부분은 반려묘를 가족처럼 생각하고, 안 하고를 떠나 당혹감을 드러내기 충분하다. 이 당혹감이 역(逆)으로 재치를 형성한다. 이 재치가 해학의 경지에 이르게 될 때 우리는 이 시대가 필요로 하는 새로운 시인의 출현을 목도하게 될 것이다.

3.

시인의 재치는 어떤 지점에서 '숙연(fate)'을 만난다. 그것이 특정 시점에서의 순수한 발현(發現)인지 의도한 바의 결과인지는 분명하지 않다. 어쩌면 시인은 '발현'과 '의도'라는 이 상대 항 사이를 오고 가면서 그 중간, 어디쯤에서 자신의 재치가 단순한 언어유희가 아니라 지혜나 울림으로 변형되기를 바라고 있는 것인지도 모른다.

따로 설명 안 해도 여식은 무학이었다
그때는 그랬다
산골 여식은 더 했다
어머니도 예외는 아니었다

자갈치 아지매 삼십 년
알음알음 손가락셈 통달했고
추적추적 질척이는 어느 날
아들 이름 석 자,
유리창에 비뚤어도 손가락 그어주셨는데
까막눈이 아니란 걸 그때서야 알았다

어머니 문패는

또박또박 한글로 새겼다

대문 앞에서 기웃대지 마시라고
떠돌이별 되지 마시라고
아버지의 한자(漢子) 문패와 나란히
이름 석 자 한글로 달았다

어머니 손때 묻은 문고리 같은
닳고 닳은 가락지 같은
화인(化人) 문패를 달았다

—「한글 비석」 전문

인용 작품에 그려진 '어머니'는 "자갈치 아지매 삼십 년"을 통해 생의 이법(理法)에 통달한 경지였지만, 세상이 제멋대로 만든 '문자'의 세계에서 '무학=까막눈'의 처지로 세월을 견딜 수밖에 없었을 것이다. 이 모순 앞에서 시인이 아마도 봉분의 비석을 의미하겠지만, '문패'를 "한글로 달았다"라는 것은 기법으로서의 재치를 지나 보다 큰 '울림'을 지향한다.

시적 반향은 오직 자신의 밖을 향해 최단 경로를 원하고, 부딪치고 굴절하지만 끝내는 이탈(離脫)을 지향하는 언어 방식이다. 반면에 울림은 멀리 가는 게 중요하지 않기에 동심원이나 나선처럼 퍼지면서 바깥의 대상과의 공명(共鳴)을 지향한다. 결국, 울림은 이탈이 아니라 '회귀'하는 속성을 갖는다.

구판우 시인은 반향으로 시를 쏘아 보내기보다 '숙연한 울림'으로 작품을 형상화하면서 동시에 자기 내면이 밖으로 향할 또 다른 에너지를 축적하는 과정을 되풀이하는 것으로 보인다. 가령, '반달'의 주기성과 여기에 덧댄 바람을 형상화한 「반달」에서 "반쯤 살아온 날보다/반쯤 살아갈 날이//보다 다정하고/보다 투명하고 싶다"라는 표현이 군말 없이 이를 반증한다.

홍어에게 대충은 없다
대충은 삭힘이 부족하다는 건데
부족은 매운맛이 떨어진다는 건데
상에 오르며
얼굴 붉은 굴욕감만 게워낼 뿐이다

살아서 팔짝팔짝 뛰는 놈보다
바닥에 배 깔고 바짝 엎드린 놈
축 늘어진 놈을 처넣어야 한다며
홍어 속살 같은 볼그레한 아버지
이 악물고
아가리 틀어 항아리에 욱여넣는다

—「곰삭힘에 대하여」 부분

시인이 가족을 주제로 해서 형상화한 작품 중에서 위의 인용 시는 일종의 명제의 형태를 갖춘 대표적인 작품이다. '곰삭힘'이라는 사전적 어휘, 나아가 자신의 체험 그리고 일종의 지향으로 변모된 의미까지를 한눈에 보여준다. 인용한 부분에서 1연은 '대충'과 '부족'이라는 시어가 의미를 꽉 채우듯 '홍어'가 아니라 그 '삭힘'에 대한 표현이다. 이는 비유하자면 '시인'이 아니라 '시 작품'에 대한 나름의 의식이라 할 수 있다.

이렇듯 재치로 현실을 재구성하면서도 숙연한 자세를 유지하는 것, 그러니까 일종의 운명적 느낌에 의지해 자신의 시세계를 자주 변형하는 것이 구판우 시인의 시적 전략이자 이번 시집의 지향점으로 보인다.

버려지는 것이 배곯기보다 두려운 반려묘

짐을 싼다는 것만으로 공포에 떨었다
놈의 눈빛에 또박또박 씌어 있다

단 몇 분이어도 가둔다는 것
날카로운 발톱이 문드러지는 것

집고양이를 가두고

청테이프로 친친 감은 토마토 상자는
십 리 밖의 표적에 꽂히는 돌팔매 같다

우리의 하얀 방은 자물쇠가 필요 없고
하늘 억누르는 검은 방은 무겁다

핏방울이 송골송골 맺힌 토마토 상자
손잡이 구멍으로
흔들리는 놈의 눈빛이 새파랗다

사다리차가 이웃을 퍼 나르는 날은
캣 타워
절벽이 되어 흔들다리처럼 떨었다

—「이삿날」 전문

시인은 이사가 온전히 '사람'의 일이란 것을 잘 알고 있다. 인용은 하지 않았지만 「내집증후군」과 같은 작품은 시간의 흐름에 의한 사람의 변화를 잘 형상화한 수작(秀作)이라고 할 수 있다. 그럼에도 불구하고, 위에 인용한 작품은 '숙연한 울림'이라는 시인의 개성적 특질을 더 확고히 하기 위해서, 나아가 자신의 시적 특징으로 차별화하기 위해 꼭 필요한 방향이라는 생각이 든다. "버려지는 것이 배곯기보다 두려운 반려묘"가

특정 대상이 아닌 현대의 어떤 현상으로 일반화되어 시인이 체험적으로 습득한 정서의 보편적 울림이 되길 바라마지 않는다. 구판우 시인의 첫걸음이 그래서 더 믿음이 가는 까닭이다.

문학의전당 시인선 0339

꽃은 상처를 남기지 않는다

초판 1쇄 인쇄 2021년 5월 10일
초판 1쇄 발행 2021년 5월 17일
지은이 구판우
펴낸이 김석봉
디자인 헤이존
펴낸곳 문학의전당
출판등록 제448-251002012000043호
주소 충북 단양군 적성면 도곡파랑로 178
전화 043-421-1977
전자우편 sbpoem@naver.com

ISBN 979-11-5896-514-3 03810